이화시선 · 23

가을이 초경할 무렵

최성수 저

이화

이 도서의 국립중앙도서관 출판예정도서목록(CIP)은 서지정보유통지원시스템 홈페이지(http://seoji.nl.go.kr)와 국가자료공동목록시스템(http://www.nl.go.kr/kolisnet)에서 이용하실 수 있습니다.(CIP제어번호: CIP2014029140)

바닥으로 가라앉았을 때
힘과 용기를 주신 분께 바칩니다

서시

병들었으나 병든 맘으로 살지 않게 하시고
약하나 약한 신앙으로 살지 않으며
늘 넘어지나 하늘을 보는 눈마저 감지 않게 하시고
비록 상처를 입어도 상처를 주지 않으며
벼랑 끝에 서 있는 것이 끝이 아니고
오히려 주 안에서 시작임을 알게 하소서

목차 / 가을이 초경할 무렵

가을 1

하늘을 통째로 빌렸을까
나뭇가지 사이사이
사방이 가을이다

편히 눕기도 하고
골똘히 앉아 있기도 하다가
숲 언저리에 몸을 숨겨
속살거리며 훔쳐보는
나에게
푸르디푸른 추파를 던진다

진짜
나를 본 것일까
가지 위 둥지 속
작은 새들
그 눈빛에 놀라고
그 뛰는 심장에 놀라
시끄러이 옹알거린다

가을이
후두둑
이곳저곳으로
떨어진다

가을 2

맑다
하늘이
구름 한 점 없는
가을이다
그렇게도 늑장을 부리더니
이리도 깊고 널찍한 마음으로
성큼
내게로 다가왔다

사진 속 풍경

갈대가 흔들리니
가을바람이 분다

하늘이 높으면
가을임을 알듯이
귀 기울이면
그대 오는 걸 안다

갈대밭에 그대 서 있으니
오가는 사람들
가을이라 한다

네가 숨어버린 후

네가 숨어버린 후
아니
너에게서 스스로 멀어진 후
나는
더 이상 시를 쓰지 않는다
아니
더 이상 써 지지가 않는다
더 이상 생각하지 못하니까
아니
더 이상의 삶이 가능하지 않으니까
아니
네가 없는 나는
더 이상 내가 아니니까

너를 잃은
아니
나를 잃고
생각을 상실한 시인은
더 이상 시인이 아니다

그리움

맹목적이다
시간과 공간을 가리지 않고
위험하다고 피하지 않는다

이해타산에서 한참 멀고
지척이라도 천리로 느낄 수 있으며
천리라도 단숨에 닿을 수 있고
폭풍우에도 멈추지 않는다

몸은 떨어져 있으나
결코 멀리 있는 법이 없고
다가오면 설레고 반가우며
갑자기 세상을 달리 보여준다
고요히 머물면
광대한 호수 같고
젖을 물리고 있는 여인 같이 평온하나
요동하면 세상을 삼키고
천지를 불사르고도 남는다
그렇다고 놓아버리거나 보내고 나면
공허하고 황망하다

대체로 사랑에서 비롯하고
사랑으로 결실하지만
뒤틀리면 오해를 낳고
병을 낳으며
때로는 증오로 돌변한다

인간을 인간답게 만들어주는데
시인을 만들고
철학자를 만들지만
때로는 생명을 값으로 치른다

사로잡히게 되면
세상천지를 모두 제 것으로 삼는데
없으면 삶이 심심해지고
억제하면 병이 찾아오고
절제하지 못하면 추해지고
숙성하면 숱한 이야기를 만들어낸다

삶의 의미를 선취하며
꿈을 스케치하고
미래를 소망하며
현재를 살아가는 호흡이다

누구에게나 자연스러운 일이어도
대단히 예민해
깊은 배려와 조심스런 노력이 필요하다
영혼을 살찌울 수 있고
너와 내가 공유할 수는 있어도
제3자와 나눌 수는 없다

나뭇잎

아침 산행 중
두툼한 햇살 사이
푸르름으로
마지막 힘을 다해
가지 끝을 붙잡고 있는
나뭇잎들

숱한 삶의 이야기와
지난한 시간들의 짐을 지고
고개를 수그리곤
살포시 스미는 찬바람에
부르르
온 몸을 떤다

죄를 지은 것도 아니건만
주홍글씨처럼
색색으로 옷을 갈아입히고
이리저리 흔들어대니
오가는 사람들
별난 일이라도 생긴 양
손짓하며 쳐다보며
연거푸 카메라 셔터를 눌러댄다

개중에 몇은
그 깊은 뜻을 헤아리기라도 한 것일까?

길가에 즐비하게 늘어선
관광버스와 자동차
수많은 수다꾼들을 토해놓고
또다시 게걸스럽게 먹어대는
그 번잡하고 소란함 속에서
아침 해 솟듯이
쑥 터져 나오는
감탄과 환호의 목소리들

사실 얼마나 위대한가!
그 뜨거웠던 폭염도
태풍이 몰고 온 거친 비바람도
누그러뜨리지 못한 생명력이다

그래, 그럼에도 불구하고
나뭇잎들은
세월의 쓰레기들을 짊어지고
기꺼이
땅 속으로 묻힐 준비를 하는 것이다

온갖 잡다한 찌끼들을
남김없이 쏟아 붓고
텅 빈 집으로 돌아가는 사람들
"가을이 참 좋다!" 한다

땅으로 떨어져
시간 속에 파묻힐 나뭇잎들이
다시 돋아날 것을 알고는 있을까?

보름달

거리에서 무엇을 보았나요
오늘따라 당신의 눈이 빛나는 군요

숲속에서 무엇을 보았나요
오늘따라 당신의 얼굴에서 빛이 나는 군요

언제 어디서든 나를 그리워하는 당신이기에
이리도 빛나는 것인가요

초승달만한 그리움
깊은 한 숨 몰아쉬더니
한달음으로 달려
어느새
휘영청 밝은 달로 다가왔네요

가을의 위로

가을이 초경을 할 무렵
북쪽에서 부는 바람
거침없이
제 길을 가면서도
상실의 아픔을 앓는
내 마음에 이르러선
이리저리 둘러보고
가뿐한 몸놀림으로
허리를 감싸더니
온 몸을
부드럽게 쓰다듬는다

추울 거란 예보와 달리
따뜻한 기운
마음을 감싸 준다

산다는 것

나 하나 죽는다고
세상은 결코 달라지지 않는다
달빛은 여전히 빛나고
별빛도 한결같을 것이며
태양 역시 변함없을 것이다

"호사유피 인사유명"이라 하지 않던가
우리가
진정으로 두려워하는 것은
죽음이 아니라
잊혀지는 것
그래서 기록을 남기고
세상 만물 모든 것에다
기억을 담으며
새겨놓거나 심어놓는다
심지어는 죽어서도
끊어지지 않는 기억을 위해
제사를 지내고
부활을 꿈꾼다

살아있는 동안
우리가 하는 모든 것은
기억의 흔적들을 쌓아놓는 것이며
원치 않는 잊혀짐에
익숙해지기 위한 연습일 뿐이고
내 삶은
당신의 기억에서 사라지지 않기 위한 몸부림이다

숙명

기약 없는 그리움
활활 타오르는 용광로
그 촉수에 닿게 되면
그것으로 인생은 끝장이다

마음을 넉넉하게 하고
사람을 사람답게 살도록 하며
세상을 아름답게 보여주지만
그리움이라는 게 원래
시도 때도 없이 찾아드는 것이라
끝을 모르는 그리움은
몸과 마음은 물론 영혼마저 지치게 한다

보고 싶을 때
슬그머니 찾아보며
은밀한 기쁨을 누릴 수 있도록
어디 숨겨놓을 만한 곳은 없을까
해서
숲속을 걸으며
그늘 깊은 곳을 찾았지만
세상천지가 온통 당신으로 가득하니
아무리 숨겨 놓은 들
어찌 피할 수 있을까

그래서
그리워하는 사람들은

그리움이 제풀에 지쳐 사그라질 때까지
이고 지고 품고 안고 뒹굴면서
그렇게 숙명처럼 살아야 하는가 보다

가을 추억

새벽에 느끼는 가을은
아침에 일어나
부시시한 모습으로
사과 한 입 베어 물었을 때
느끼는 그 시원함과 같습니다

잠자고 있던 추억들을
화악 깨우는
가을날의 새벽
무엇을 보아도 설레는 마음 탓에
정신을 온전히 붙잡을 수 없었던 날들이
하나 둘 씩 떠오르다가 또 다시 사라집니다

수시로 두근거리는 내 맘을
몰라주는 당신이
섭섭하기도 했지만
숨겨진 보물을 발견한 기쁨으로
시간과 공간이
한 순간에 사라져 버렸던 때였지요

바람은 얼마나 부드러웠고
흐르는 시간에 따라
옷을 갈아입고
가을리듬으로 춤추는 잎들은
어쩌면 그리 아름다웠는지
깊고 깊은 비밀

나 홀로 간직한 채
구름 한 점 없는 하늘을
훨훨 날았는데
그거 아세요?
비행기보다 빨랐다구요

아, 사랑하는 그대여,
가을 새벽입니다
언제나 당신을 그리워하며
하루를 시작했던 시간입니다

고백 1

맑고 순한 당신의 모습은
세상에서 얽히고설킨
내 삶의 실타래를
한 순간에 풀어주고
무거운 짐에 짓눌린
내 영혼을
자유롭게 해주죠

푸른 하늘 너머 저 곳에
장막을 치고
나란히 누워
영생하고 싶습니다

당신을 사랑합니다!
이 고백이
하나님의 생명책에
기록되었으면 좋겠어요

고백 2

당신이 세상에 있다는 것
나를 기억해주고
나를 사랑해주고
내 이름을 불러준다는 것
멀리서 나마
내게 힘이 되어준다는 것
이 모든 것들이
시체놀이에 열중하다
게을러진 몸을
일으켜 세우니
한 순간에 달려드는군요

감격을 주체할 수 없지만
마음을 단단히 동여매고는
한 아름으로 안았습니다

숨 가쁠 정도로 감사한 하루하루
세상이 아름답기 때문이기도 하겠지만
어찌 당신만 할까요
손끝으로만 닿기에 부족해서
나의 온 몸과 마음으로
더듬고 또 더듬어도
내 삶의 근원에서 솟아오르는
당신의 깊고 오묘함은
다 헤아리기 힘듭니다

사랑하는 사람이
그대라는 것이
그리고 지금
내 마음에 가장 소중한 존재로 머물러 있다는 것이
내 생애 가장 행복한 순간인데
어찌 다른 날과 비교할까요

나만 바라보는 당신

밥상에 마주 앉아
맛난 것들을 내 앞에 밀어놓고
"많이 먹어" 하고
같이 먹자는 말에
"나중에 먹을게" 하고는
게걸스레 먹는 내 모습을 보고
흡족해 하며 환하게 웃는다

차를 타고 갈 때마다
옆 좌석에 앉아
멀거니 나를 보는 당신
얼굴에 뭐가 묻었는지
왜 그렇게 보느냐고
묻는 말에
"그냥"이라고 대답하면서
울긋불긋 가을 경치에는
아무런 관심도 없는 듯
그렇게 나만 바라본다

만삭되어 나지 못한 것 같은 얼굴인데도
가을 풍경보다 좋고
맛난 것보다 더 맛나며
나를 바라볼 수 있는 것만으로도
세상은 충분히 아름답다며
미소 짓는 당신

모두들 힘겹다는 하루하루
그래도 살만하고
감사하다고 말할 수 있는 이유는
나만 바라보며
살아가는 당신 때문입니다

이 가을에

이토록 깊은 사랑
이렇게 큰 감격의 만남
이만큼 성숙한 열매
당신이 내게 안겨주었습니다

휘황한 색의 향연 가을
가슴을 적시는 가을비
희망을 깨우는 가을 풍경
당신의 사랑을 담고 있어
더욱 아름답습니다

당신을 떠나
집으로 돌아가는 길
혼돈스럽긴 해도
마음만은 상쾌하고
당신과 함께 있습니다

그리울 때면 눈을 감고
당신의 이름을 부르겠습니다
우리가 서로 간절하니
언제라도
나는 당신 앞에
당신은 내 앞에
서있을 것입니다

이 가을엔 특히 ……

가을 향기

내 입술을 부르는
당신의 입 향기는
국화꽃 향기
꿀벌조차 혹하는
당신의 마음에서 나온다

입술 사이로 새어 나오면
세상을 황홀케 하고
하얀 나비
노랑나비
청명한 하늘을
내폴로 날아다닌다

현란한 춤사위로
세월을 홀리니
세상천지가 온통 가을향기
분명
겨울이 제 길을 잃을 것이다

오늘도

오늘도
그리움은 여지없이 찾아오고
갈 수 없는 길
왜 이리 길게 뻗어 있는지
산마루에 올라
가장 먼 곳으로 시선을 던져 보나
성난 그리움을 달래줄 길은
전혀 보이질 않네

넘어야 할 산
힘겹게 넘었어도
여전히 산등성이를 걷고 있고
결코
산을 벗어나질 못하네

날개라도 있어
그리움의 진원지로
훨훨 날아갈 수 있다면
그렇게 할 수만 있다면
얼마나 좋을까
속절없이 시간만 흐르네

봄 여름 가을 겨울

가을은
고개를 들고 다니는 계절
청명한 공간엔
울긋불긋 단풍잎
남쪽으로 날아가는 철새들
일출로 진상을 드러내고
구름과 어우러지는 멋진 세상
눈을 돌려가며 볼 것들이
얼마나 많은가!

겨울은
땅을 보며 걷는 계절
한기에 놀라고
위축되기도 하며
어깨가 움츠러지기 때문이지만
지난날의 추억들이 동사하지 않도록
감싸 안아야 하고
눈이라도 내리면
미끄러져 넘어지지 않도록
조심조심 걸어야 하기 때문이다
고개를 뻣뻣하게 세우고 걸으면
넘어지기 십상이다

봄은
자연의 이치에 감탄하고
새 생명을 즐기는 계절

한겨울의 찬바람을 이겨내고
가지 끝에서 돋는 새순들과
굳어진 땅을 뚫고
돋아나는 새싹들이
경이롭고 신비스럽기만 하다
봄기운을 온 몸으로 맞이하며
힘차게 기지개를 펴도 되지만
이제 막 잠든 겨울이 깨어나
꽃을 시샘하지 않도록
가만히 걸어야 한다

여름은
천지가 온갖 자유를 누리고
나무 그늘에 앉아 쉬는 계절
녹음에 파묻혀
세상을 잊고
호접몽을 꾸며
또 다른 삶을 위해 비상한다

가을과 그대

그대 목소리
가을 타고 날아오고
그대 마음
높디높은 하늘이 보여주는데
정작 그대는 보이질 않네

차가운 기운 잠든 날 깨우고
단풍을 흔드는 바람
내 마음을 휘감아 돌며 소용돌이치는데
아무 것도 할 수 없는 내 영혼
눈물로 젖어버렸네

세상천지 모두 그대 모습이고
지구 축을 붙들고 자전하는 힘은
그대의 열정이며 사랑인데
난 원심력에 밀려
자꾸자꾸 중심에서 멀어져만 가네

가을 속에서 그대를 부르니
그리움이 고개를 쳐드네

가을 손님

가을 비 수북이 쌓이던 날
바람에 날리던 단풍잎 하나
베란다로 살포시 내려앉더니
젖은 몸을 말리려는 듯
추위를 피하려는 듯
열린 창을 통해
거실로 들어왔다

가을은 그렇게
내 안으로 들어와
숨을 쉬고 있다

가을 놀이

맑고 고운 햇살
그리움을 깨울 때
창밖으로
시선을 던지니
단풍이 눈치 채고
가을이 웃는다

겨울이 오기 전
후회 없이 놀아보자며
색색으로 몸짓한다

일상의 교훈

보라, 저기 노을을
일출과 일몰이 만들어내는
일상적인 일이지만
얼마나 신비한가

세상은
시간과 함께
모습을 드러내고
시간과 함께
모습을 감춘다

그러니
불행을 만나거나
예기치 않은 일을 겪는다 해도
조급해 하지 말고
서두르지 말고
조용히 인내할 일이다

시간은 그렇게 흐르는 법이기에

단풍놀이

울긋불긋한 사람들
가을을 만나러
산이 많은 곳으로
달리고 또 달린다

멀리서 보면
무엇이 단풍이고
무엇이 사람인지
분간이 안 된다

나의 그리움도
가을맞이 갔을까
어제부터 요란하게
몸을 단장하더니
오늘은 내 곁에서 보이질 않네

숲속 어떤 나무에 걸터앉아
바람 따라 흔들리는 단풍들 사이에서
울긋불긋함을 뽐내고 있을까?

내 기억 속 겨울

숲속 언저리
커다란 느티나무에 기대어
잠시 숨을 돌리고 있는
차가운 공기
가을을 성급히 넘어가려 했는지
숨소리가 거칠다

행여 바람에 흩날릴까
숨죽이며 낮게 엎드려 있는 낙엽
대지의 온기를 보호하려는지
겹겹으로 옷을 걸치고
닿을 때 마다
신경질적으로 바스락거리는 걸 보면
분명
다음 생명을 품고 있는 중이니
조심조심 걸을 것이다

숲속은 지금
고요함을 넘어
적막함으로 가득한데
그 기운이
살갗을 뚫고
뼛속까지 이르니
곧 겨울이 올 듯
걸음걸음마다
코끝으로 느끼는 회색빛 숨결

그러나
지난 계절의 넋을 오롯이 품고 있어
서글프진 않다

내 기억 속 겨울은
당신의 사랑으로 가득하기에

시인의 삶 그리고 세상

날씨가 꾸물꾸물하다 하여
시인이 낮술 한 잔 기울인다면
세상을 제대로 그려낼 수 없어
숨 고르는 중이니
그리 욕하지 마라

희뿌연 안개 그윽한 세상에서
시인이 담배 한 대 피운다면
마음이 헛헛하여
세상 근심을 날려버릴 깊은 한숨이니
그리 탓하지 말 것이다

새벽 기운에 눈을 떠
편도 티켓으로
홀연히 여행을 떠난다면
그리고 그가 시인이라면
세상이 그만큼 깊고 깊다는 까닭이니
더는 묻지 말고 기다리지도 말 것이다

세상을 원망할 일이 무엇인가
때가 되면
새 이름으로 나타날 이 있으니
까닭을 물으면
시원스레 답을 줄 것이다

세상은 그렇게 가고 가며

또 가고 가지만
무심한 일상이라도
풋풋한 향기의 언어는
우려낼 것이 얼마나 많고
거기서 얻는 생각은
또 얼마나 청쾌한 것인가

아, 시인의 삶이여,
도대체 어떠한 세상인가!

숲의 영성

숲에는 지금
가랑눈 같이 잎이 내린다
이름 짓기 어려운 색으로
세상을 덧칠해 놓으니
영 딴 세상이다

비 내리면 마음이 촉촉해지고
눈 내리면 그리움에 젖어 설레지만
잎 내리면 영혼이 젖는데
가고 오는 모든 것들에 대해
한없이 넉넉해짐을 느낀다

숲속을 거닐다
당신에 흠뻑 젖어버린
내 영혼
지나치는 모든 생명에게
맑은 웃음을 건넨다

봄 여름 가을 겨울 3

가을이 오면
괜한 외로움이 잦아지고

겨울이 오면
맑고 강한 햇살
따뜻한 마음이 그리워지고

봄이 오면
고통의 기억으로부터
새날에 대한 희망이 커지고

여름이 오면
장맛비가 내리는데
산과 숲 그리고 바닷가에
꼭꼭 숨겨둔 지난날의 추억들이
토사와 함께 흘러내린다

봄 여름 가을 겨울 4

겨울이 가면
얼었던 것들이 녹고
새순이 돋아나며
사랑의 추억이 남는다

봄이 가면
꽃잎은 거리를 뒹글고
무성한 나뭇잎들
그늘로 거듭 난다

여름이 가면
온갖 과실나무
풍성하게 결실하고
단풍으로 세상은
울긋불긋 춤을 춘다

가을이 가면
거리거리마다 쌓인 낙엽
바람 따라 이리저리 거처를 옮기고
세상은 점점 두터워지면서
너와 나의 사랑을 시험한다

창가의 독백

인생의 덧없음을 슬퍼하지 않는다
마치 전에는 그러지 않았던 것처럼
아쉬워하거나 섭섭해 하지도 않는다
인생이란
원래 그런 것이기 때문이다

인간이 이기적이고 타락했다고 해서
경악하지 않는다
인간이라면 당연히 그래서는 안 되는 것처럼
주장하지 않는다
에덴 이후의 인간이란
원래 그런 존재이기 때문이다

당장에 일이 없고
앞날이 어둡다고
정색하며 놀라지 않는다
누군가 앞서면
누군가는 뒤서야 하는 것이
사람 사는 방식이니까

지금 난
다만 하나님의 긍휼을
기다릴 뿐이다

하늘과 나

하늘은
두꺼운 옷을 입을 때가 있고
밝은 햇빛의 속살을 그대로 내비칠 때가 있다
어느 때라도 하늘이기를 포기하지 않으니
하늘이기 때문이다

내게 일어나는 일들이
허다하고 또 잡다할지라도
어느 때라도 나이길 포기하지 않았으면 좋겠고
어떻게 보일지라도
그걸 나로 인정했으면 좋겠다

청춘 남녀의 사랑을 탐하다

당신은 나의 사랑
된장 맛 같은 투박함에
장미 향기로 가득
촌에서 도시를 보는 듯
바다에서 산을 즐기게 하고
동양에서 서양을 살고
여자로서 남성적이고
씩씩하면서 아름답고
언제나 깊은 배려
고귀한 가치를 아는
날 꼼짝 못하게 하는 여자

당신은 나의 사랑
이야기를 하고 싶게 하는 사람
무슨 말을 해도 들어 줄 사람
침묵을 아는 사람
함께 걷고 싶은 사람
오래 살아도 지루하지 않을 사람
기대어서 쉬고 싶은 사람
걷는 길이 어려워도
그냥 함께 걸어 갈만한 에너지를 주는 사람
함께 살고 싶은 사람

아, 이 사랑 영원하길!

남편과 아내

그대
너무 커서 보이지 않았던 것일까
너무 넓어 품을 수 없었던 것일까
너무 근접해 있어 깨닫지 못한 것일까

그대
내 곁에 있어
마냥 감사할 뿐인데
나는 언제나 그대 넘어 세상을 보려하네

그대
내 곁에 있으니
어디서 또 천국을 만날까

초겨울

거리에 가득한 낙엽
낯선 바람을 피해
이리저리 몸을 옮기고
그동안 바쁘게 걷고 달리며
세월을 잊고 살았던
모든 이들의 추억이 된다

남김없이 자신을 비우며
추위에 대담하게 맞서는 나무
외롭고 힘겨운 일상에 지치고
내일을 잊고 사는
모든 이들을 위해
천상병 시인이 보았던
그렇게 푸르른 하늘을
더욱 더 넓고 깊게 보여준다

내 안에 가득한 추억
아직은 설익어 풋풋한 맛
한풍에 떨어질까
몸을 사리며 웅크리고 있지만
언젠가
숙성된 포도주로 거듭나길 기다리며
옷깃을 여민다

당신이 그립습니다

빈 의자

남아 있는 빈자리
의자 하나 놓아둔다

거리를 오가는 사람들
삶의 무게에 짓눌린 사람들
머물 곳을 몰라
막연히 길을 걷는 사람들
도움이 필요하나
아무런 관심을 받지 못한 사람들
다수에 밀려
소수자로서 웅크리며 사는 사람들
그 흔한 줄을 잡지 못해
빛을 보지 못하는 사람들
변별력이 없는 사회에서
능력을 인정받지 못해
그늘에서 살아가는 사람들

의자에 몸을 맡기고
잠시 동안 번민과 생각을 멈추고
푸른 하늘을 보며
들숨과 날숨을 느끼면서
그렇게 앉아 있다가
가고 싶을 때
갈 때라 생각될 때
그때 가라

숲속 산책

숲속 가득한 안개
시야를 가려
앞서 간 사람의 흔적을 따라
발을 옮겨보지만
자꾸만 미끄러지니
마음이 불안하다

갈 길은 아직 여전한데
자꾸만 뒤를 돌아보니
안개는 언제쯤 걷히고
난 언제쯤 숲을 벗어나게 될까
마음이 조급해진다

날 기다리는 님은
집밖으로 나서지 못한 채
창밖을 내다보고
집안으로 들어서지 못한 채
창문만 올려다보는
나는 님의 모습을 그리며
마음만 동동 구른다

님의 속을 모르는 그리움
자꾸만 눈물을 보이니
하늘이 알아차리고
급한 비를 내린다

늦가을의 추억 한 장

가을 꼬리가 유난히 길었던 날
길게 늘어진 그림자와 함께
앞서거니 뒤서거니 놀면서
한없이 멀어 보였던
논길을 달려
친구 집으로 놀러가던 때
바람에 실려 온
어린 마음을 사로잡는 것이 있어
코끝을 앞세우고 가다
어느덧
친구 집 앞 넓은 들깨 밭에
들어서게 되었다

그간 땅 속에 묻혀 지내면서
늦가을의 공기가 그리웠는지
들깨 밭 사이로
긴 산통 끝에
이제 막 머리를 내민 아이마냥
반쯤 몸을 드러낸 시뻘건 고구마
무엇에 홀렸을까
살그머니 다가가
두 개를 캐어
황급히 주머니에 넣고는
달리고 또 달리고
가던 길도 잊고
어디로 갈지도 잊고

그렇게 한참을 달렸다

먹은 기억도 없고
버렸다는 기억도 없다
오랜 세월이 지난 지금
들깨 향이 코를 찌를 때면
난 언제나
고구마 두개를 떠올린다

겨울엔 세상을 달리 보고 싶다

옷깃을 세우는 새벽 한기
낙엽을 흩뜨리는 소슬한 바람
머물 곳을 모르고 떠도는 스산한 마음
첫눈 소식에
소소한 추억에 젖기도 하고
기대로 부풀기도 하니
오늘은 세상을 다르게 보고 싶다

거리에 아무렇게나 펼쳐진
단풍잎 수놓은 카펫을
스쳐 밟으며
가을은 그렇게 가버리네
이젠 겨울이니까

어느새 겨울

그간 내가 살아온 날 동안
가을과 겨울 사이에는
언제나
오색 계단이나
구름다리가 있었다

그곳에 오르내리며
낙엽 가득한 숲으로
하늘 가까운 산으로
사람 많은 도시로
지난날들을 추억하고

맑고 밝은 하늘, 그 끝을 헤아리며
가지 사이사이로 펼쳐지는
널찍한 시야로
첫눈에 대한 기대로
설레는 시간들을 보냈다

그런데
어제 내린 비를 맞고
하룻밤을 자고 나니
어느새
겨울 한적한 곳에 자리 잡고 있는
나를 본다

더치커피

커피색이 진하니
향기가 짙다

오늘 아침
태양빛이 맑은데
하루가 평안하려나

그리움이 깊어지니
마음이 허우적거리고
숨이 가쁘다

진한 커피 향은
내 생명의 넋
훨훨 날아
남쪽 하늘로 흩어진다

겨울 산행

등산복 차림에
짐을 나설 때까지만 해도
아무렇지 않더니
숲에 들어서자마자
걸음이 알아채고
마음을 재촉한다

나무가 반기니
새들이 날고
세월의 짐을 모두 내려놓은
빈 가지
하늘에 뿌리를 내렸다

정상에 오르니
눈에 닿는 고요함
나뭇잎 밟히는 소리
해 넘어가는 소리
산의 숨소리를 들려주는데
지친 몸이 알아채곤
깊은 호흡으로
희망을 들이킨다

흔들리는 창문

그토록 다채롭고 화려해
세상을 분주케 하던 가을 색
요 며칠 사이
썰물처럼 빠지더니
회색 누더기 옷을 걸치고
초라하고 쓸쓸한 모습으로
겨울이 찾아왔다

창문을 닫아두었더니
사정없이 두드린다
깨뜨리기라도 할 기세인데
어찌해야 할까

문을 열면
오슬오슬
한기가 들텐데…

시간강사의 일상

매일 아침
난
통장의 잔고를 확인한다
입금될 것을 기다리기 때문이 아니라
오늘 하루를 살아가기에 충분한 지
일용할 양식을 확인하기 위해서다

때로는 성경을 읽고 기도한 후에
때로는 성경을 읽기도 전에...

언제부턴가 삶이
불안과 평안
그 틈새에 끼여 있는 듯한데
없어도 평안할 때가 있고
많아도 불안해질 때가 있다

하나님을 신뢰하고 살면서
내 삶이 소유에 매여 있지 않은 것 같아
다행이라 안심하면서도
마음 한 곳에서는
하루 아니 한 달쯤 여유가 더 있었으면
참 좋겠다며 꿀꿀거린다

아마 월급쟁이들도 다르지 않을게다

술빛 밝은 날

내가 사는 세상
아침부터 오후까지
술빛으로 밝으니
빛이 닿는 곳마다
취기로 가득하다
그늘로 몸을 숨겨보나
추위를 견딜 수 없어
볕 밝은 곳으로 나오니
아, 나는 언제까지
이렇게 휘청거릴 것이며
세상은 또 언제쯤이나 제자리를 찾을 것인가

빛이 닿는 곳마다
취기로 가득하니
어디서 제정신을 차릴 것인가

실수라고 한다

1
사람들은 나에게 말해
한국에서 대학원을 나와야 했다고
배우고 싶은 것을 가르칠 교수가 없다며
무조건 독일로 간 것이 실수였다고

사람들은 나에게 말해
장신대를 나와야 했다고
먹고 살 길이 막막하다며
돈 벌 기회를 찾아
지방 신학교를 다닌 것이 실수였다고

사람들은 나에게 말해
광야생활과 매한가지니
처음부터
인맥에 공을 들여야 했다고
접대를 위한 돈이 없다는 이유로
지방으로 오가는 강사생활에
시간이 없다는 이유로
연구에만 전념한 것이 실수라고
그렇다고
세상을 놀래킬 만한 연구도 아니지 않는가
라고 말해

욥의 친구들이 부활했나
욥은 무어라 대답할까

내게 일어나는 일을
왜 굳이 실수로만 보는 걸까
하나님이 나와 함께 계시고
당신의 뜻을 내게서 이루시는
또 하나의 방식으로 이해할 수는 없는 걸까?

사람들은 나에게 말해
지금 상황을
섣불리 합리화하거나
미화하지 말라고
실수를 인정하라고
실수를 인정하라고
실수를 인정하라고

2
실수했어
걷잡을 수 없는 일들이
벼랑길을 달려

실수했어
닿는 걸음걸음마다
실패딱지가 붙어

실수했어
만나는 사람마다
안됐다는 한숨이며

만나는 사람마다
훈계와 책망으로 바벨탑을 쌓아

그렇다고 해결되는 것은
아무것도 없어

더불어 살며
나누며 사는 일이
구원임을 모르는 이 땅에서
실수는 실수를 낳고
또 실수를 낳지
그러다보면 어느새
끝도 없는 책망과 훈계 앞에
고개 숙이고
자괴감에 흐느끼며 떨고 있는
나를 보게 돼

그렇다고
포기하진 않겠지만
세상이 요구하는 조건들을
채우지 못했으니
한동안 지속될 것 같은
좌절감으로부터
지금 난
구원이 필요해

3
내가 실수라면
이 땅에서 태어난 거야
내가 실수라면
엄마 아버지가 만난 일이지
실수라면
뱃속에 있는 날 지우지 않은 일이지
그러나
내 뜻대로 되는 일이 아니잖아
그래도 내가 실수라면
예수님을 믿은 거지
복음을 전하겠다고
목사가 되겠다고
결심한 것이 실수지
그런데 왜 이것이 실수지?
축복이잖아
만일 이것이 실수가 아니라면
날 내버려 둬
최선을 다하며
게으르지 않고 성실하게 살려고 노력했거든

난 그저 피했을 뿐이야
주입식 교육
편향된 연구
창의적이지 않는 연구
남의 말로 스스로를 포장하는 언어들

질문을 허락지 않는 강의
성의 없는 논문들
담임목사의 전횡
철학은 물론 복음도 없는 교회
아이들은 뒷전이고
헌금 수입에 보탬이 되는 어른들만 챙기는 교회

물론 나의 선택에 실수가 없진 않아
그러나 어떻게 해
날 돕는 자가 없고
혼자 생각하고
혼자 결정해야만 했을 때
모든 상황을 파악할 지혜가 부족했는데

실수라고 생각한다면
날 도와줘
일어서서 반듯이 살아갈 수 있도록
더 이상 실수하지 않도록
내게 힘을 줘
내가 일할 기회를 줘

진짜 내가 실수했다면
이 땅에서 살아가는 방식을 몰랐던 거야
꿈만 크고 열정만 뜨거웠을 뿐
철이 없었던 거지
인연, 학연, 지연, 혈연 등으로

묶여있는 매듭에
얽히고설킨 삶을 거부한 거야

그런데 왜 이게 실수지?

무제

겨울 바닷가
칼바람보다
문틈 사이
한기가 더 춥다

빈 술잔

처음처럼 옆에
비어 있는 소주잔
앞에 두고
창밖으로 눈을 반쯤 내밀어
이리저리 돌려보니
눈 쌓인 산도 보이고
달리는 자동차도 보이고
행여 넘어질까
종종걸음으로 지나가는
사람들도 보이네

술을 따르지도 않았는데
조금씩 비어지는
술병
하늘이 마셨나
이름 할 수 없는 별난 색을 하고는
흰 구름 애인 삼아 부둥켜안고
빠르게 지나가더군

씁쓸한 마음
빈 잔에
시를 부어 마셨더니
나는 멀쩡한데
세상이 취해 비틀거리더라

하늘에서 희망이 내린다

빈손이 좋구나
가득 이고 지고 안고
살 때는
행여 사라질까
빼앗길까
잃게 될까
머리 아프고
어깨와 등이 결리고
손목이 지끈거려
두 발 뻗지 못했는데
두 손을 펼치니
이리 편하고 편하구나
빈손으로 갈 바에야
예서부터 빈손이자꾸나

하늘에서 희망이 내린다

그리운 사람

손을 잡으니
마음에 닿고
눈을 보면
영혼에 닿으니
예가 대체 어디쯤인가
천국이 멀지 않네

생각

숲에서는 별똥처럼 떨어지는데
사뭇 고요하다
걷는 동안엔 빠르게 스쳐가 서둘러야 하고
자리에 누웠을 땐 잠잠히 떠올라
종종 길을 잃으며
운전할 땐 음악과 함께 춤추고
때로는 빠른 속도에 실마리를 놓친다
책에선 다양한 옷을 입지
새로운 것을 발견하면 감탄
다른 것을 만나면 의문
익히 아는 것을 만나면 공명
그렇게 공감하며 그렇게 소통한다

막는다고 막아지는 것이 아니다

멈추는 때는
욕망에 사로잡힐 때
불안할 때
우울할 때
희망을 잃은 때
그리고 죽는 순간

예외가 있으나
대체로
저절로 일어나지 않기에
어떻게 해서든 깨워야 해
생각 없는 백성은 망하니까

2012년 12월 31일

아, 2012
만남의 기쁨
사랑의 열정
부재의 고통
대선의 황망함
지구 종말론의 씁쓸함

천국과 지옥을
수차례 오갔던
한 해

시간은
내년에도 여상하겠지만
하룻밤 만리장성 쌓는
그 마음으로
이날을 보낸다

중국성만은 못해도
오직 새날로 족하다

연말에 이사하느라
죽을힘을 다 쓰곤
지쳐 잠든
시심을 깨워보나
비틀비틀

새해로 넘어가는
막바지 언덕길이
아리랑 고개
앞서 가신 님
저만큼서
날 오라하시니
서둘러야겠습니다

새날

2012년과 2013년
단 일초 사이에 끼어있는
엄청난 변화

누구는 마음을 고쳐먹고
누구는 새 일을 찾아 나서며
누구는 새로운 꿈을 꾼다

단 일초 사이에
벌어지는 일
이렇게 많으니
놀랍고 신기할 뿐

사람에게도 이렇거늘
그분의 일이야 어떻겠는가?

세상을 말씀으로
만드셨다는 것이
선명해진다

부디 꿈과 의지로만 남지 말고
캔버스를 들고 나가
멋진 세상을 담아내고
또 그려내며
맘껏 놀면서
넓고 넓은 세상으로

펼쳐보자

그 뜻대로 되어진다면
아, 세상은 얼마나 아름다운가

새해에는
말씀이 꿈이 되고
꿈이 현실이 되는 세상
사람이 먼저가 되는 세상이 되고
감동을 주는 일들이
모두에게
넘쳐나길

2012, 너에게

너에게
코스모스를 들려주고 싶었다
병영생활 3년
사랑으로 간직해 두었던
철 지나 만개했으나
군화에
밟혀야 했던
빨간색 코스모스
그 이야기를 들려주고 싶었다
가는 너에게

가을이면 가을마다
한 아름 꺾어
화장대 위
네 향기를 만질 수 있는 그곳에
예쁘게 꽂아 놓고
시간과 더불어 사라지는
내 이름 석 자
그 이야기를 말하고 싶었다
가는 너에게

너에게
목련을 들려주고 싶었다
하얗게 피어나는
봄기운에 취해
자연의 순서마저 잊은 채

호수에 담긴 제 얼굴을 들여다보는
목련 꽃
그 청순한 이야기를 들려주고 싶었다
철 앞서 떠나는 너에게

봄이면 봄마다
달빛 아래
그 황홀함을 더하는
목련 앞에서
내 이름 석 자를
불러 달라
말하고 싶었다

너는
다른 별에서 온
길 잃은 외계인
돌아가야 할 곳이 있으나
머물 곳은 없는
가엾은, 그러나
나의 기억 속엔
언제나 행복한 외계인
그 고운 이야기를 듣는다

돌아서 가는 너에게
나는
네가 알아듣지 못하는

나의 언어로
네 이름을 소리 높여 부른다

너 가는 곳에는
코스모스가
그리고 목련이
나를 기억하고 있을까?

기다림

새해는 웃으며 왔는데
내 심장을 뛰게 한 소식은
햇볕에 타버렸는지
묵은해와 함께 가버린 것인지
내 귀에 들리질 않습니다

세월

마지막 노을
못내 아쉽고
새해맞이 놀이
하도 감격스러워
잠시 정신 줄을 놓은 탓에
소란을 떨어야 했던
첫날도
그렇게 가버리고
오늘로 새해 둘째 날

내 평생 살아온 날이
늘 그렇듯이
이러다 어느새
또 다시 마지막 날을 맞이할 것이다

지금은 가득 채워져 있어도
몇 날 후
네가 떠나고 나면
텅텅 비게 될 이곳

부글부글 끓는 마그마
틈새를 찾아 지구 곳곳을 돌고 돌다
아마도
내 마음에 이르러
세상에서 가장 강한 그리움 되어
화산으로

분출할 게다

행여
달리거나 날아가는 동안
화산재를 보거든
놀라지 말고
용암으로 빚어질
내 모습을 떠올려 봐

맑은 하늘
떠도는 구름
볼거리 먹거리
북적거리는 사람들 틈에서
망부석에 얽힌 이야기를
나의 이야기를 들을 수 있을 게야

인천 공항에서

하늘은 같아도
별이 다르고
같은 사람이라도
생김새와 사는 모양새는 다르며
대지의 품은 한결같아도
뿌리 내리고 자라는 것들은
모두 제 각각이다

단순한 진리이건만
시방
그것을 보시려는가
그것을 확인하러
그리도 멀리 가시는가

고거이
지천으로 널려 있는 게 아니던가
네 곁에서 내 곁에서
우리 곁에서 사람 곁에서
얼마든지 볼 수 있는 게 아닌가

그러나
어디서 찾을 수 있을까
누구에게서 들을 수 있을까
본다고 보이는 것일까
우리의 사랑
우리의 밀어

우리의 기쁨

행여
만나거나 보거나
듣게 되거든
동쪽 하늘 향해
이름 석 자 한 번 불러주소
내 그놈 부여잡고
텅 빈 세상
알차게 살아 보려오

네가 가고 난 후

허전함
네가 가고 난 후
내 안에서 일어나는
가장 부지런한 것

쓸쓸함
네가 가고 난 후
사방에서
거침없이 불어오는 것

외로움
네가 떠나버린 후
나를 찾아온 것 중에
가장 강한 적

기다림
이곳에 남아 있어
생명으로 살아가는 내가
유일하게 할 수 있는 것

네가 가버린 후
세상은 텅 비어
바람도 없고
욕망도 없고
내일도 없다

다만 살아있어
오늘을 살 뿐

희망

캄캄한 방
벽에 등 기대고 앉아
빛을 머금은 창을
바라본다

온기 없는 방
배 깔고 바닥에 누워
펄펄 끓는 대지의 심장 박동을
귀 기울여 듣는다

정의와 사랑 없는 세상
사람 되어 지신 십자가에 의지하여
죽음 넘어선 삶을
얻는다

사는 것이 희망이다

그대의 아름다움

사막의 매력은
샘솟는 오아시스

인생의 묘미는
멈추지 않는 그리움

한겨울의 맛은
아랫목의 따뜻함

여행의 즐거움은
낯선 것과의 조우

친구의 의미는
정겨운 만남과 편한 대화

그대의 아름다움은
하나님의 형상

노을

높은 곳으로 이사했다
많은 식구에 비해
능력이 시원찮아
부족한 방으로 만족해야 했기에
거실을 서재로 쓴다
가족들이 편하게 지내는 곳이라
나만의 시간을 얻지 못해 불편했는데
웬걸
예전에 못 보던 광경을 보게 된다

아침마다 드러나는
붉은 빛 나신의 노을
사람들은 그것을 여명이라 한다
옆쪽 아파트에 가려
비록 눈부신 자태는 다 보지 못하나
멀리 산을 넘어 오는 기세를 보아
그날의 심기를 짐작해볼 수 있다
고요하지만 희망차다
산에 가서야 볼 수 있었는데
이곳에서 본다

저녁 무렵
짙은 어둠으로 옷을 갈아입을 때
반 쯤 걸친 붉은 빛 노을
사람들은 그것을 석양이라 한다
따뜻한 기운을 사방으로 흐뜨리며

먼 산으로 넘어가는 게
삶의 연륜이 묻어난다
모든 것을 내려놓고도 아쉬워하지 않는다
기분이 우울한 날
한참 달려야 이르는
부안이나 강화나 인천
서쪽 바닷가에서 보던 것인데
이곳에서 본다

높은 곳에 사니
노을이 조석으로 내 가슴을 파고든다
해가 옷을 입고 벗는 모습이 에로틱하다

봄

봄이라고 말하면
금방 지나갈까봐
차마 입을 열지 못하고
바라만 보네
당신이 보이기만 한다면
어떤 계절인들 상관있을까

봄은 그렇게 가네

꽃 피기 훨씬 전부터 기다렸는데
꽃이 떨어지니
뒤돌아보지도 않고
서둘러 가네

마음

나를 향해 귀 기울이는
그대에게
마음을 전달하지 못하니
얼마나 답답한지

사랑하는 그대가
때때로
마음을 몰라준다고 느낄 때
보여줄 수 없으니
얼마나 조바심이 나는지

하나밖에 없는 마음이라도
다 내줄 수 있다면
내가 사라진다 해도
그대의 마음에 닿을 수 있다면
얼마나 좋을까
그것이 안 되니
얼마나 안타까운지

도대체
마음을 복사할 수는 없는 것일까?

신춘문예

이럴 수가
작가가 되고 싶은 마음에
날개를 달아준다는
신춘문예
시 부문에 지원했는데
지인의 권유를 받아
지인들이 골라준 것으로
공고가 나오자마자
가장 먼저 제출했는데
아, 이름이 없다
나의 분신 같은 시가 보이질 않는다

난 단지
상금을 타서
시집 한 권 더 내고 싶었는데

이제 언제쯤이나
세상을 볼까
숱한 이야기들
나의 삶의 이면들
사랑의 추억들
세상 빛을 보지도 못하고
이렇게 무덤에 갇히는 건가

상금을 타면
시집을 내고 싶었는데

세상에 내놓아
이 손 저 손 옮겨가며
학생들 청년들
아가씨들 아저씨들
아줌마들
마음에서 마음으로
널뛰게 하고 싶었는데

이름 없는 글쟁이
누가 그의 글을 읽어볼까

볕들 날을 기다리며
내 눈치를 보면서
숨죽이고
납작 엎드려 있는
시어들만
빤히 쳐다보네

상금 타면
그들이 살 집
시집을
멋지게 짓고 싶었는데...

봄 같은 당신

한파로 연이어지는
이번 겨울
봄 같은 당신 품이
많이 그립다

언제 오려나
그 한겨울
그날의 환희

기도

눈 내리는 날
숲속 고요함
발자국조차 숨을 멈출 때
내 안에서 일어나는
간절함
하나님 앞에 쏟아 붓는다

그분이 침묵하실 땐
잠잠히
내 자신을 들여다볼 뿐

텅 비어 있으나
가슴 벅차다

한파가 지난 뒤

아직 겨울이라도
한파가 지나가니
봄기운이다

계절에 앞서
꽃보다 몸이 먼저 알아채곤
나갈 채비를 하네

거리로 나서면
행여나
봄으로 단장한
당신을
만날 수 있을까

그대와 나

그대를 씨실로
나를 날실 삼아
짜게 되면
어떤 옷이 될까

나를 씨실로
그대를 날실 삼아
짜게 되면
어떤 옷이 될까

세상에
하나밖에 없는
사랑이겠지

지금은 침묵할 때가 아닙니다

산에 오르거나 숲을 걸을 때
알게 된 사실이 있습니다
계곡을 흐르는 물소리
나무와 나무를 오가며 지저귀는 새소리는
비록 소란스럽기는 해도
잠자는 숲에 활기를 줄뿐만 아니라
땀을 식혀주고 지친 몸과 마음을 더듬어줍니다

소리 없이 흐르는 물은 깊어
흐르는 것 같지 않아도 흐르며
온갖 생명을 품고 있습니다
소리 없이 하늘을 나는 독수리는
세상을 멀리 보면서도
목표물을 정확하게 주시합니다

이것들을 모르진 않아도
가끔은
산 속을 흐르며 잠자는 돌들을 깨우는
작은 물소리며
숲의 향연이라도 벌이는 듯
소란스럽게 지저귀는 작은 새들이
그리울 때가 있습니다

침묵의 영성에서 생명을 얻으신 후에
가끔은 소리를 즐기시는 것도
건강에 좋을 것입니다

길을 걸으며

가는 길은 하나가 아니다
이리 가고
저리 가고
에둘러 갈 수 있다

기분 나는 대로 가고
또 천천히 걷다 보면
평소 보이지 않던 것도
보이고
짜증나는 오르막 길
구부정한 길도
오히려 정겹다

오가는 사람들
길동무 되고
거리의 모든 것들
씨실 날실 되어
하늘을 수놓다가
어디쯤엔가 이르러선
생각이 되어 떨어진다

세상천지
벗이고 선생이니
나그네 인생
그렇게
서두르는 까닭이 무어냐

어느 겨울 아침

바닥이 따뜻하니
무거워지는 눈까풀
잠시 누워
상상하다
스르르
잠에 빠졌네

허우적거리다
깨어나니
시간은 어느새
중천

씁쓸한 웃음으로
힘차게
기지개를 켠다

눈 오는 날 기도

눈이 많아 하얀 세상
사방으로 볼 것은 많아도
그리움이 내 눈을 덮으니
설봉산의 절경이 무슨 의미가 있을까요
어디가 길이고 어디가 도로인지
도무지 알 길이 없는데
안내해 줄 사람조차 없으니
누구를 의지하여
그대 곁으로 갈 수 있을까요
눈을 감고서나 보일까 해서
두 손 가지런히 모아봅니다

기상예보

매혹적인 얼굴의 기상캐스터
두터운 털옷 입고
내일부터 추워진다고
예보한다

지금까지도 추웠는데
얼마나 더 추워질까
방송국에 있는
그녀의 얼굴도 얼어버릴까

텔레비전을 보며
괜한 걱정을 다 하네

떠날 때는

떠날 때는
가는 길이 멀어
서둘렀지만
달리는 길
계기판을 보니
그리움이 가득 충전 되었네

그리움은
내 삶의 에너지
멀어질수록
더욱 채워지고
함께 있으면
기쁨으로 만개한다

페이스북 댓글

"좋아요"하며
남겨 놓은 글
수십 차례 더 읽어보니
저 멀리 웃는 얼굴
밤하늘 별빛으로 반짝이고
마음은 새근새근
내 곁에서 잠 들었다

만남과 헤어짐

같은 길을 가다
한순간에
다른 길을 가니
세상이 달리 보인다

같은 지하철을 탔어도
방향이 다르니
마음이 키 잡기를 멈추고
돛을 내려버렸다

난 이리 가나
넌 저리 가니
갑자기 청룡열차를 탄 듯
정신을 차릴 수가 없구나

어제나 오늘이나
하늘과 땅 사이에서
변한 것은 없었는데
아, 떠나는 네가 세상을 바꾸었나 보다

연인

작은 우산 속 두 사람
이리 밀면
저리 밀고
저리 밀면
이리 미니
사랑하는 만큼 옷을 적시네

네 어깨가
흠뻑 젖은 걸 보니
서로를 많이 사랑하는 듯
차라리 우산을 접어도 되겠다

웃으며 뒤따라 걷는
나도 덩달아 젖는다

예배를 위한 기도

당신의 말씀
듣는 내겐
모든 것이 시가 되고

기록으로 남으면
읽는 내겐
하늘 캔버스 위의 그림이었다가
노래가 되고
어느덧
마음에 조각으로 새겨집니다

이럴진대
당신 모습 나타나면
천지는 진동하고
사람들은 혼절하지 않을까요

이 시간
당신을 듣고
읽으며
보게 하소서

겨울 느티나무

한파와 함께
잔가지 위로 내려앉은
활짝 핀 눈꽃

간혹
무게를 감당하지 못해
끊어져 떨어지긴 해도
가지가지마다 걸려있는
순백의 아름다움

난 한동안
갈 길을 잊었다

폭염 중에는
널찍한 그늘로 시원케 하더니
폭설 때엔
볼거리로 마음을 포근하게 한다

세월

흰 머리카락
하나 둘
보일 듯 말 듯
숨겨져 있을 땐
내 평생 오지 않을 것 같았기에
눈에 뜨일 때마다
흠칫 놀랐다

갑자기
글씨가 멀게 보이고
고혹적인 여인보다
꽃들의 색이며 자태가
더욱 선명히 눈에 들어오면
헛헛한 마음
세상을 내려다보며
여생을 헤아리기 시작하고

어느 샌가
처음과 끝이
다 거기서 거기라고 여겨질 땐
아련한 추억에 잠겨
너를 생각하고
너의 뒷자락을 부여잡고
걸어가게 될 것이다

하늘을 보다

날씨가
미꾸라지 한 마리
물을 흐려놓고 간 듯하니
언제쯤이나 맑은 물에 비친
내 얼굴을 보나
하늘을 보다
녹이 잔뜩 낀
철조망에 걸려
오도 가도 못한 시선
그림 그리다 붓을 놓고
하염없이 남쪽만 바라보네

피로

허리띠 풀고
소파에 앉아
침묵하기도 하고
말하기도 하면서
하룻짐을 지고
노량으로 길을 걷는
저녁 해를
물끄러미 바라본다

무엇을 하려고 하기보다
오로지 서로를 바라보며
서로에게 귀를 기울일 뿐
기억에 담으려거나
마음에 새기려하지 않고
시비를 가리지 않는다

몸의 무게에 눌려
푹신거리는 소파에
영혼을 맡긴 채
이생 이곳저곳을 기웃거릴 뿐
더 이상 내가 없고
너도 덩달아 사라진
푼푼한 공간
그 안에서 우리를 본다

그대에게 시는

그대 만일
시를 읽으면
숨어 있던 세상
그대 앞에 우뚝 솟고

그대 만일
시와 더불어 놀면
제멋대로 가는 세상
그대의 노래가 되며

그대 만일
시가 되면
모든 시작을 여신
신을 보게 되리라

시인은 그저
사랑할 뿐, 어느 덧
팔삭둥이 같은 시
그대 삶의 흥을 돋운다

시인의 바람

내 시가 그대의 노래가 된다면
내 시가 그대 인생의 멘트가 되고
내 시로 그대가 그림을 그리고
내 시로 그대 춤의 안무를 삼으며
내 시가 영화 속 한 장면으로 거듭난다면
내 시를 한 잔의 커피 맛으로 느낄 수 있다면
갈림길에서 멈춰 서성거리다
홀로피로에 지쳐
바닥에 주저앉아 퍼질러 있으면서
허접한 너스레로 읊어진다 해도
길 잃은 영혼을 위한 쉼이 되고
이정표가 될 수 있다면
대지 위에 봄기운이 가득할 때
흐드러지게 피어나는 봄꽃처럼
주를 향한 마음이 뜨거워질 때
마음 속 찬양으로 기억된다면
그리 될 수 있다면
얼마나 좋을까

섹스 도박 권력

섹스에 취하면 사랑을 잃게 되고
도박에 취하면 집을 잃으나
권력에 취하면 자신을 잃는다

시간과 공간

물질로 채우고 또 채워지는 공간
순종으로 아름다워지고

사람의 계획으로 가득한 시간
내려놓을 때 거룩해진다

숭고미

세상의 아름다움
성난 욕망을 깨우고
세상을 있게 한 말씀
고요하고 아름답다

아름다움이 욕망을 만나면
교만해져 세상을 제멋대로 휘두르고
욕망이 아름다움을 걸치니
추하고 악하다

아름다움이 거룩함에 이르면
세상은 평안해지고 겸손해지며
거룩함이 아름다움이 될 때
우리는 숭고함을 본다

아름다움이 세상을 구원하리라

어둘수록

안개 숲을 더듬더듬
앞서 가고 있으니
조심하라며
후미등이 깜박깜박

스스로 경계하지 않으면
큰일 날 세상
눈만 크게 뜨지 말고
마음을 지키라며
경고등이 깜박깜박

안개 짙고
어둘수록
더욱 천천히
더욱 조심스레
살펴갈 일이다

지갑 속 사진

가장 힘들 때
사는 것보다 죽는 것이 차라리 낫다 싶을 때
지갑을 열어
무엇을 보고 싶은가요
넉넉한 돈인가요
아니면 환하게 웃는 가족인가요

때로는 두툼한 지갑이 부럽기도 하고
때로는 아무 걱정 없이 긁을 수 있는 카드가 아쉽기도 합니다

세상일이란 게 이럴 때도 있고 저런 때도 있지만
우리 안에 변함없이 자리 잡고 있는 것은
가족의 얼굴입니다

우리를 변함없이 바라보고 있는
가족,
오늘 아침엔
그 이름을 불러 하늘 높이 띄워봅니다

에필로그

그리움으로 영생할거다

빗소리와 함께 바다울음을 듣는다

시방 내리는 것이
비더냐 아니면
하늘의 눈물인 것이냐

비라 하기에는
세상이 너무 슬프고
하늘의 눈물이라 하기에는
세상이 너무 하찮다

곱게 내리고 천천히 흐르더니
언제 바다의 심기를 건드렸을까
큰 파도가 일더니
내 맘에 부딪혀
산산이 흩어지고
바다울음을 깨운다

바다에 갇힌 아이들의 울음이다

러시아 날씨가
불청객으로 찾아온 때
텅 빈 새벽을 걷는데

거친 바람이 얼굴을 밟고 간다
칼날에 베인 듯
얼얼하고 아리지만
당신을 그리워하니
온기가 확 돈다

모진 추위에 움츠리지 않고
오랜 기다림에 지치지 않는
이유가 있다면
그것은
식지 않는 그리움

당신으로 인해
그리움은
추위를 이기고
영생할거다

가을이 초경할 무렵

•인　쇄 ‖ 2014년 10월 13일
•발　행 ‖ 2014년 10월 20일

•저　자 ‖ **최　성　수**
•발행인 ‖ **성　정　화**
•발행처 ‖ 도서출판 **이　화**
대전광역시 중구 대종로505번길 54
(선화동 229-2번지) 장현빌딩 2층
Tel. 042-255-9707~8
Fax. 042-255-9709
•ISBN 978-89-6439-083-2 04810
89-87651-49-5 SET
•정가 8,000원